McGraw-Hill Lectura
Maravillas

BOTHELL, WA • CHICAGO, IL • COLUMBUS, OH • NEW YORK, NY

Cover and Title pages: Nathan Love

www.mheonline.com/lecturamaravillas

Copyright © 2014 McGraw-Hill Education

All rights reserved. No part of this publication may be reproduced or distributed in any form or by any means, or stored in a database or retrieval system, without the prior written consent of McGraw-Hill Education, including, but not limited to, network storage or transmission, or broadcast for distance learning.

Send all inquiries to:
McGraw-Hill Education
Two Penn Plaza
New York, New York 10121

ISBN: 978-0-02-125836-9
MHID: 0-02-125836-8

Printed in the United States of America.

2 3 4 5 6 7 8 9 QVS 18 17 16 15 14   A

CCSS Lectura / Artes del lenguaje

Autores

Jana Echevarria Gilberto D. Soto

Teresa Mlawer Josefina V. Tinajero

Bothell, WA • Chicago, IL • Columbus, OH • New York, NY

UNIDAD 1

EL GRAN CONCEPTO

¡A conocernos!

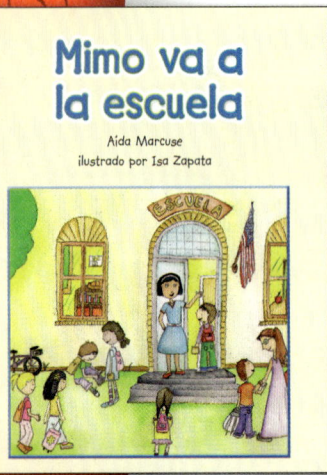

SEMANA 1   EN LA ESCUELA   ESTUDIOS SOCIALES

Mimo va a la escuela Ficción realista 6
Aída Marcuse; ilustrado por Isa Zapata

Leer juntos **Las reglas de la escuela** No ficción 20

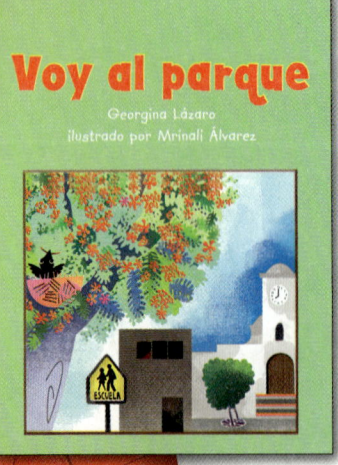

SEMANA 2   DONDE VIVO   ESTUDIOS SOCIALES

Voy al parque Fantasía.................... 26
Georgina Lázaro; ilustrado por Mrinali Álvarez

Leer juntos **Yo vivo aquí** No ficción 40

 ¡Conéctate! http://connected.mcgraw-hill.com/

SEMANA 3 NUESTRAS MASCOTAS   CIENCIAS

El pato Timoteo Fantasía 46
Claudio Barriga; ilustrado por Luis Filella

Leer juntos **Las mascotas necesitan...** No ficción ...62

SEMANA 4 SEAMOS AMIGOS ESTUDIOS SOCIALES

Lili y Paloma No ficción 66
Nina Crews

Leer juntos **Mis amigos** Poesía 82
María Clara de Freitas

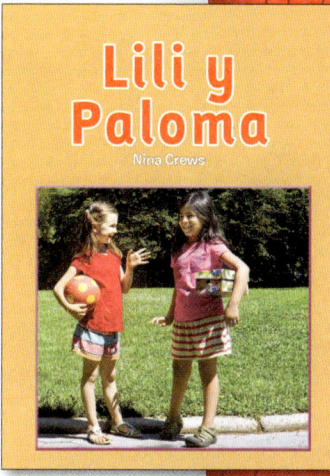

SEMANA 5 ¡A MOVERNOS!   CIENCIAS

Leer juntos **¡A mover el esqueleto!** No ficción ..84

Leer juntos **¿Qué es un diagrama?** No ficción 92

Glosario..................................94

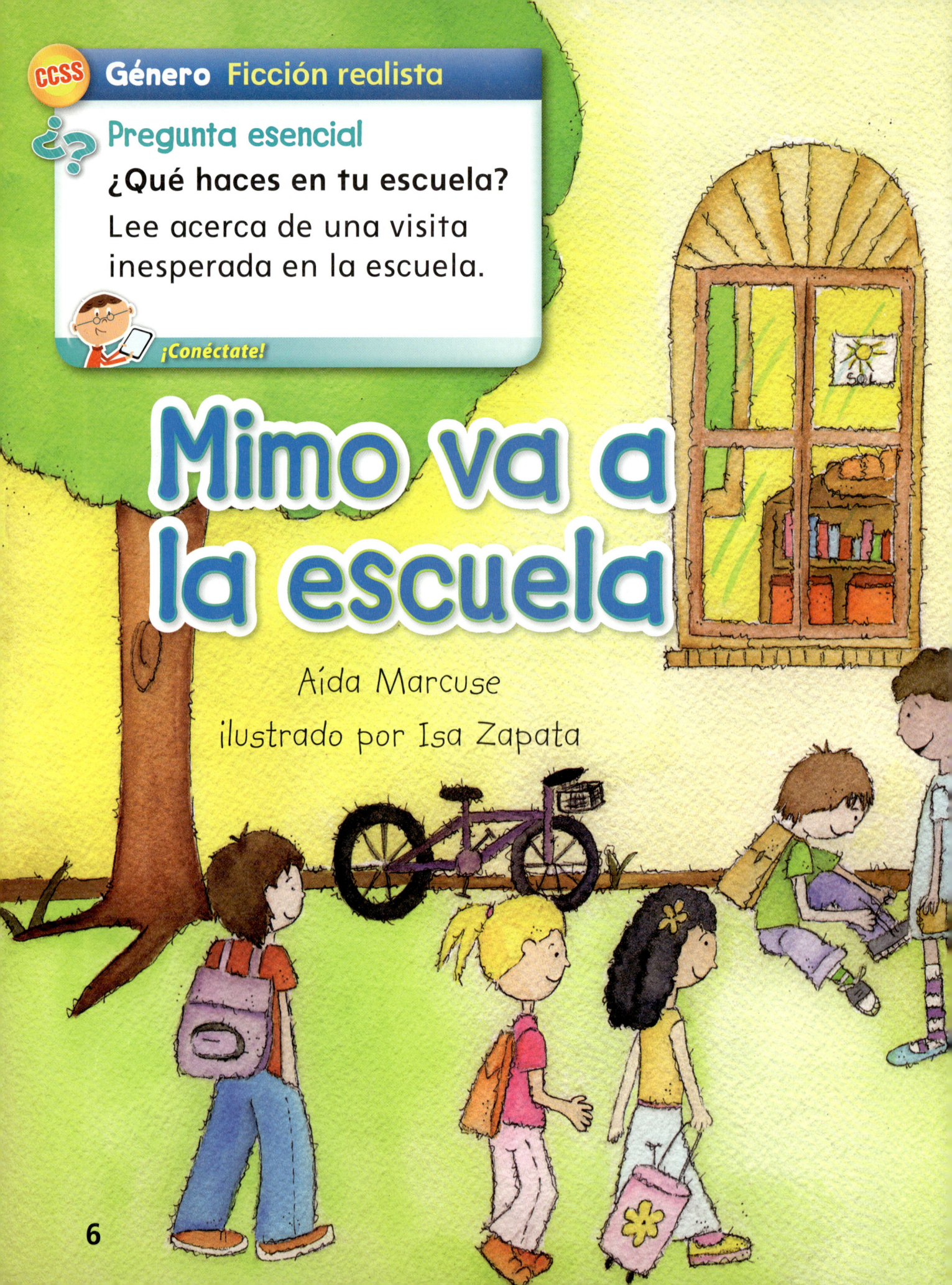

Género Ficción realista

Pregunta esencial
¿Qué haces en tu escuela?
Lee acerca de una visita inesperada en la escuela.

¡Conéctate!

Mimo va a la escuela

Aída Marcuse
ilustrado por Isa Zapata

7

Esta **mañana**, en **la escuela**,

8

vamos a jugar.

Hay un gato en mi **clase**.

El gato es Mimo.

Veo qué hace Mimo.

Me mira y se para.

Juego con Mimo.

Me gusta Mimo.

Es el gato de la clase.

¡Es mi gato en la clase!

Género No ficción

Compara los textos
Lee sobre las reglas que los niños siguen en la escuela.

Las reglas de la escuela

¿Por qué hay **reglas** en la escuela?

Las reglas nos ayudan a llevarnos bien.
Las reglas nos protegen.

Levantamos la mano.

Escuchamos en silencio.

Obedecemos las reglas de **seguridad**.

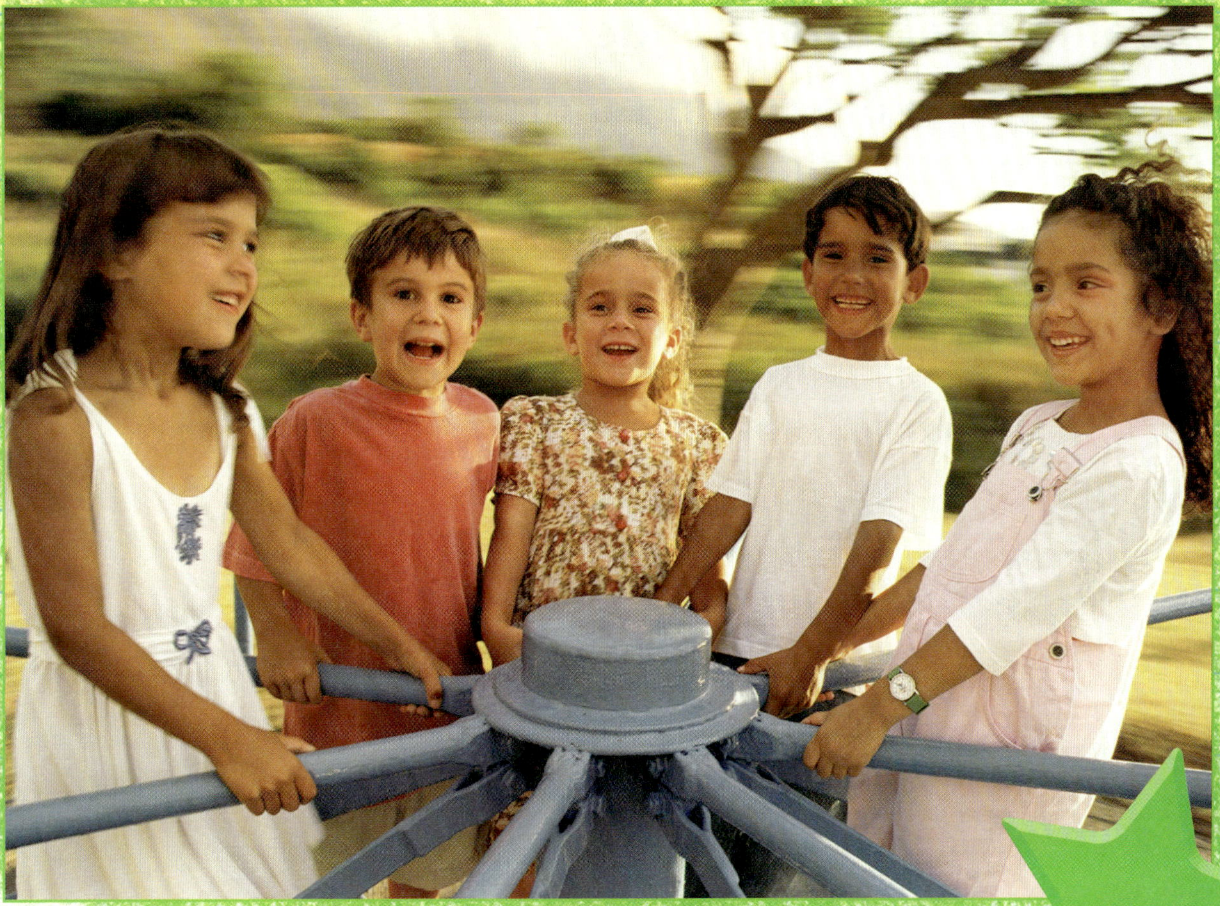

¡Y nadie se queda sin jugar!
¿Cuáles son las reglas de tu escuela?

Haz conexiones

¿Por qué son importantes las reglas en la escuela? **Pregunta esencial**

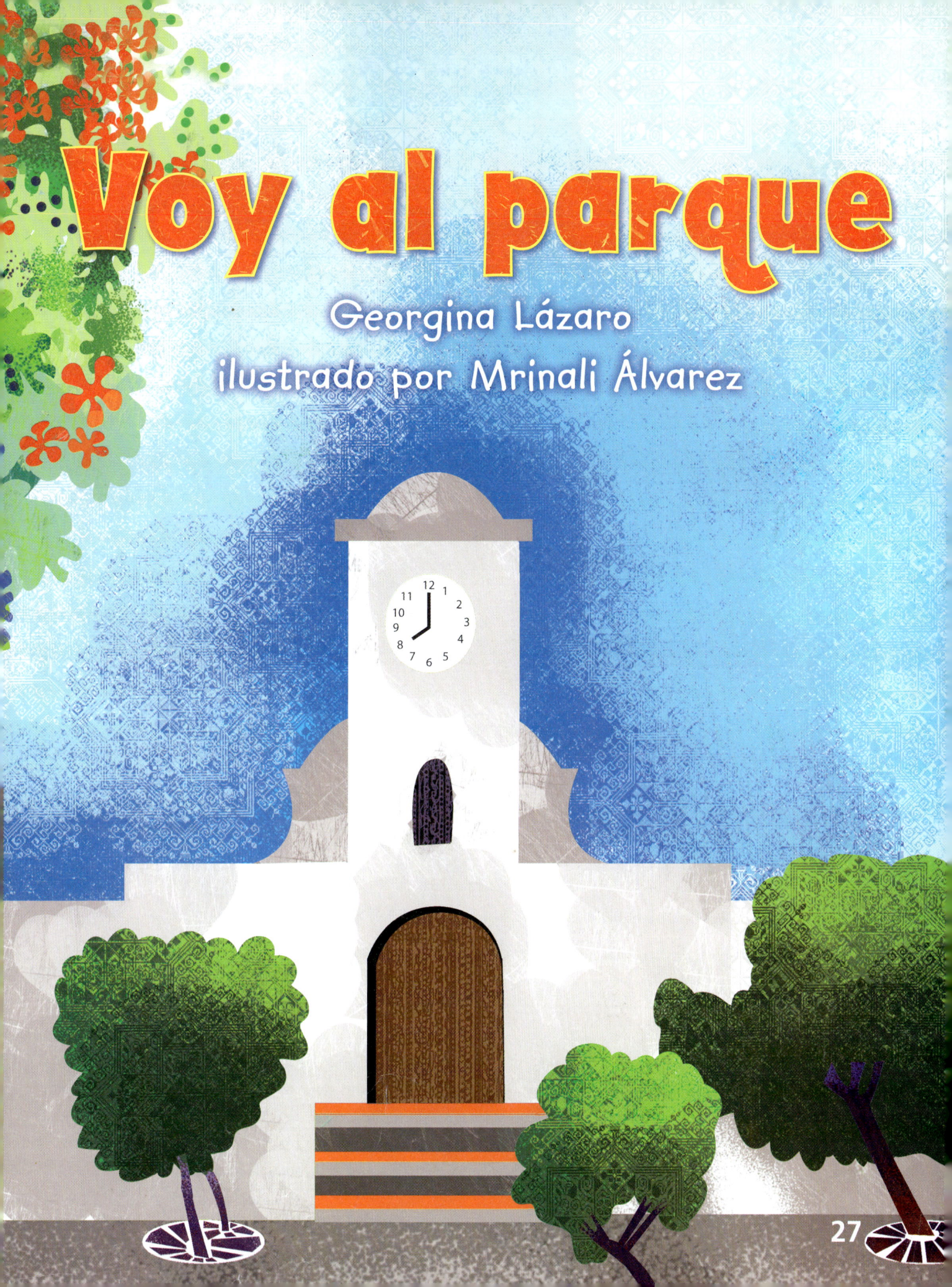

Este es mi papá. Esta es mi mamá.

Este soy yo. Papá y mamá me aman.

Puedo volar **muy** lejos.

Me gusta ir al **parque**.

Me gusta jugar.

Me gusta el pan.

¿Dónde está papá?
¿Dónde está mamá?

¿Quién me ayuda?
Mimí me ayuda.

¡Veo a papá y a mamá!

Amo a mamá y a papá.

Un paseo con Georgina Lázaro

Georgina Lázaro vive en Puerto Rico, en una casa en el campo rodeada de árboles. Allí disfruta de las flores, las mariposas, los pajaritos y, a veces, hasta de las lagartijas.

Propósito de la autora

Georgina Lázaro quería contarnos un cuento de un pajarito que al alejarse de su casa se pierde, pero que al final logra regresar. ¿Has visto pajaritos cerca de tu casa? ¿Podrías dibujarlos?

Respuesta a la lectura

Volver a contar

Vuelve a contar con tus propias palabras los detalles importantes de "Voy al parque".

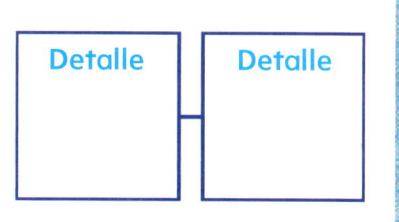

| Detalle | Detalle |

Evidencia en el texto

1. ¿Qué hace el pajarito en el parque? **Detalles clave**
2. ¿Por qué se pone triste el pajarito? **Detalles clave**
3. ¿Cómo sabes que este cuento es una fantasía? **Género**

Haz conexiones

¿Qué otras cosas divertidas podría hacer el pajarito en una ciudad? **Pregunta esencial**

Género No ficción

Compara los textos
Lee acerca de la vida en la ciudad y en el campo.

Leer juntos

Yo vivo aquí

Yo vivo en el **campo**.
Vivo en una casa.
Aquí vive poca gente.

Yo vivo en la **ciudad**.
Vivo en un **edificio**.
Aquí vive mucha gente.

41

Yo vivo en el **campo**.
Juego en mi **jardín**.
Juego con muchos amigos.

Yo vivo en la **ciudad**.
Juego en el **patio**.
Juego con muchos amigos.

Yo vivo en el **campo**.
Mi escuela está lejos.
Voy a la escuela en autobús.

Yo vivo en la **ciudad**.
Mi escuela está cerca.
Camino a la escuela con mamá.
¿Dónde vives tú?

> **Haz conexiones**
> ¿Qué haría el ave de "Voy al parque" si visitara el campo?
> **Pregunta esencial**

CCSS Género Fantasía

❓ Pregunta esencial

¿Por qué es especial una mascota?

Lee acerca de un pato especial que aprende muy rápido.

¡Conéctate!

46

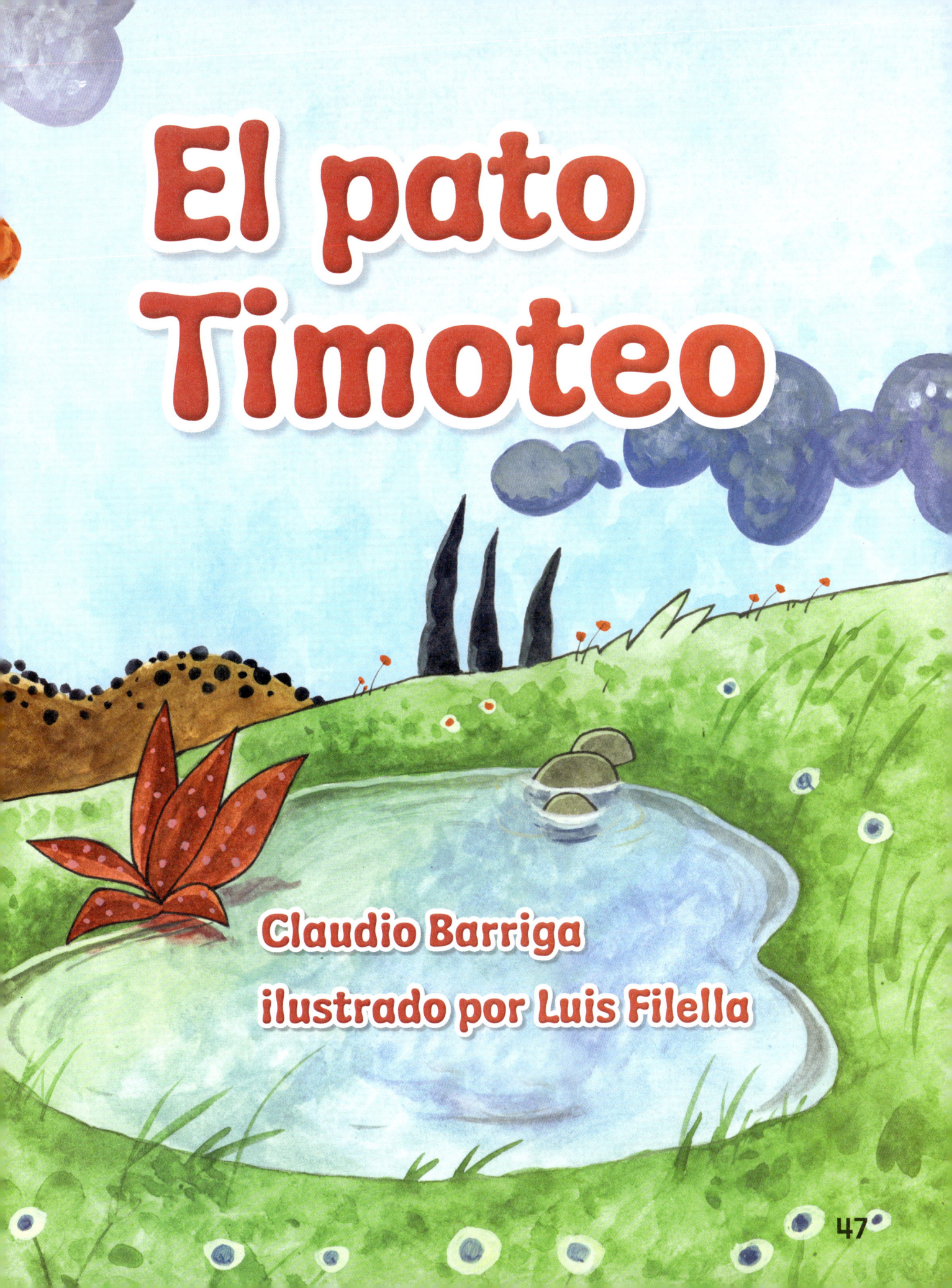

El pato Timoteo

Claudio Barriga
ilustrado por Luis Filella

—¡**Sube**, Timoteo!

—¡Mamá, mamá!
—¿Qué, Tito?

—Este es mi pato Timoteo.
¡**Saluda**, Timoteo!

—¡Ayuda, mamá!

—Toma, Tito. Este pan es para Timoteo.

—Sí, mamá, yo mimo a Timoteo.
Este pan es para Timoteo.

—¡Papá, papá!
—¿Qué, Tito?

—Este es mi pato Timoteo.
Timoteo es mi mascota.

—Timoteo **baja**, **nada** y toma mi pelota.

—Timoteo es mi mascota.
¡Ayuda, papá!

Leer juntos

Las mascotas de Claudio

De niño, **Claudio Barriga** siempre tuvo mascotas. Jugaba con ellas y les enseñaba trucos. Ahora escribe historias fantásticas de animales porque cree que todos podemos aprender mucho de ellos.

Propósito del autor

Claudio Barriga cuenta cómo un niño se divierte enseñándole trucos a su pato. Haz un dibujo de un animal al que te gustaría enseñarle algún truco. Rotula tu dibujo.

Respuesta a la lectura

Volver a contar

Vuelve a contar con tus propias palabras tres detalles importantes de "El pato Timoteo". Di los detalles en orden.

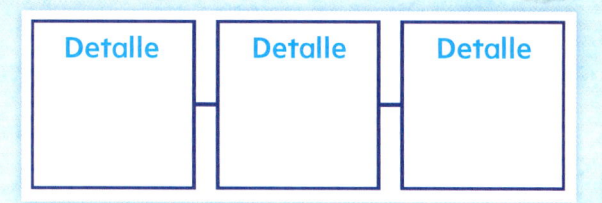

| Detalle | Detalle | Detalle |

Evidencia en el texto

1. ¿Para quién es el pan que lleva Tito? **Detalles clave**
2. ¿Qué hace Timoteo cuando Tito lo lleva al agua? **Orden de los sucesos**
3. ¿Cómo sabes que "El pato Timoteo" es una fantasía? **Género**

¿? Haz conexiones

¿En qué se parece Timoteo a alguna mascota que conoces? **Pregunta esencial**

61

Género No ficción

Compara los textos

Lee acerca de cómo dar a las mascotas lo que necesitan.

Leer juntos

iguana

Las mascotas necesitan...

¿Qué **necesitan** las mascotas?

62

loro

hámster

Como todos los **seres vivos**, las mascotas necesitan alimento.

Algunas mascotas comen semillas o plantas.

gatos

Algunas mascotas comen carne o pescado.

Todas las mascotas necesitan agua fresca.

perro

Las mascotas necesitan un hogar seguro.

Las mascotas necesitan amor y **cuidado**.

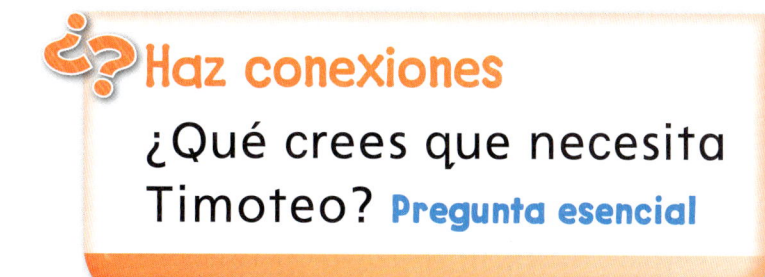

Haz conexiones
¿Qué crees que necesita Timoteo? **Pregunta esencial**

CCSS Género No ficción

Pregunta esencial

¿Qué hacen juntos los amigos?

Lee acerca de dos amigas que se divierten juntas.

¡Conéctate!

Lili y Paloma

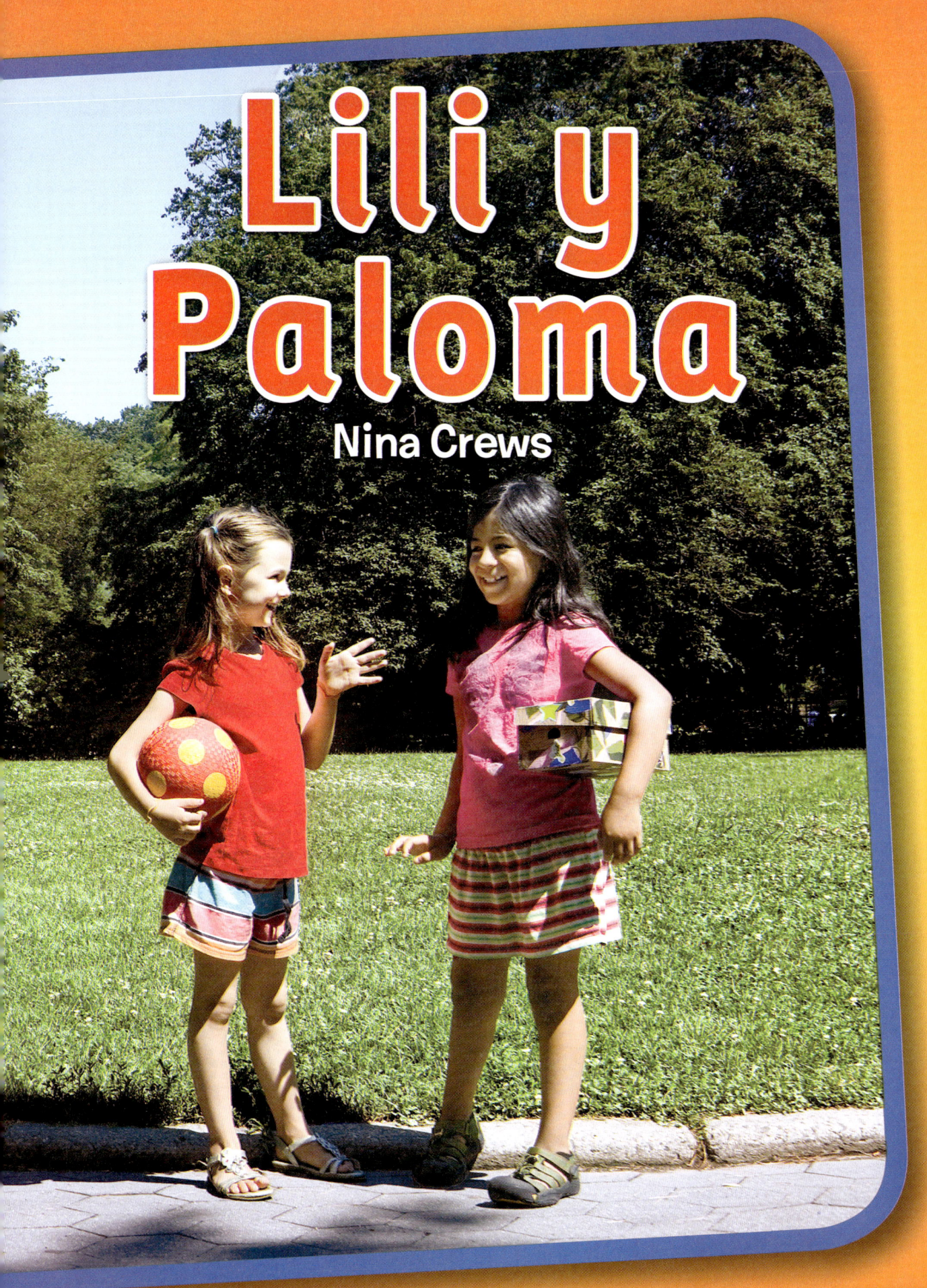

Nina Crews

Yo soy Paloma.
Lili es mi **amiga**.

Lili toma la pelota.

Yo soy Paloma.
Juego con Lili.

Paloma corre.
Lili corre.

¿Qué te pasa, Lili?

¿A qué vamos a jugar?

Este juego es **mejor**.

Vamos a jugar.

Este es mi amigo Memo.

Mi amiga es Lola.
Tiene **el** pelo de tela.

77

Lili sube al palo.
¡Yo **también**!

78

¡Sube, Paloma!
¡Vamos a jugar!

79

Leer juntos

A jugar con Nina Crews

Nina Crews usa fotografías para contar historias sobre niños. Los niños que aparecen en sus fotografías son familiares y amigos. Nina dice que a sus lectores les encanta ver fotos de niños reales.

Propósito de la autora

Nina Crews se propuso contar algunas cosas que hacen los amigos cuando juegan juntos en la vida real. Dibújate jugando con un amigo o una amiga.

Respuesta a la lectura

Volver a contar

Vuelve a contar tres detalles importantes de "Lili y Paloma".

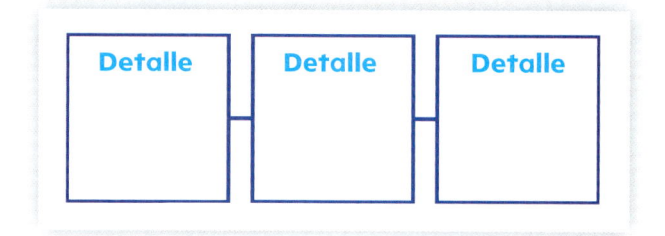

| Detalle | Detalle | Detalle |

Evidencia en el texto

1. ¿Qué detalles te dicen lo que les gusta hacer a Lili y Paloma? **Detalles clave**
2. ¿Quiénes juegan con Lili y Paloma? **Detalles clave**
3. ¿Cómo sabes que "Lili y Paloma" es un texto de no ficción? **Género**

Haz conexiones

¿Qué pueden hacer los amigos cuando cada uno quiere jugar a una cosa distinta? **Pregunta esencial**

Género Poesía

Compara los textos
Lee acerca de lo que piensa un niño de sus amigos.

Mis amigos

Con mis amigos
me gusta jugar,
me gusta crear,
platicar y estudiar.

Hacemos castillos,
saltamos, corremos,
reímos, cantamos
y juntos crecemos.

Nivea Ortiz

Mamá y papá
nos cuidan, nos guían,
nos miran de cerca
de noche y de día.

Tener amigos
es una fortuna,
yo tendré muchos,
¡de aquí hasta la Luna!

María Clara de Freitas

¿? Haz conexiones

¿Qué le gusta hacer al niño con sus amigos?

Pregunta esencial

Género No ficción

Pregunta esencial

¿Cómo se mueve tu cuerpo?

Lee acerca de cómo nos movemos.

¡Conéctate!

Leer juntos

¡A mover el esqueleto!

¿Te gusta **mover** el cuerpo?
Tu cuerpo es flexible y ágil.
Se mueve de mil maneras.

Me gusta **correr**.
Mis piernas son fuertes.
¡Y son muy veloces!

piernas

Me gusta **saltar**.
Despego con los pies…
¡y aterrizo en el pasto!

pies

Me gusta atrapar la pelota.
La atrapo con las **dos** manos.
¡Ven que te atrapo, pelota!

manos

pies

brazos

Me gusta nadar.
Me impulso con los brazos.
Pataleo con los pies.

Me gusta bailar con el aro.
Si muevo bien las caderas…
¡el aro queda en el aire!

caderas

Me gusta hacer piruetas.
¡Hay mil piruetas graciosas!
¿Y a ti qué te gusta hacer?

Respuesta a la lectura

1. ¿Qué partes del cuerpo usamos para nadar? **Detalles clave**
2. ¿Qué te muestran los rótulos que hay en cada página? **Detalles clave**
3. ¿Cómo sabes que este texto es de no ficción? **Género**
4. ¿Qué otras cosas puedes hacer con los brazos? **Pregunta esencial**

Género No ficción

Compara los textos
¿Qué partes del cuerpo nos permiten movernos?

Leer juntos

¿Qué es un diagrama?

Un diagrama muestra las partes de una cosa.
Es una imagen con rótulos.
Cada rótulo nombra una parte.

Observa al pez y a la niña.
¿Qué parte del cuerpo tienen en común?

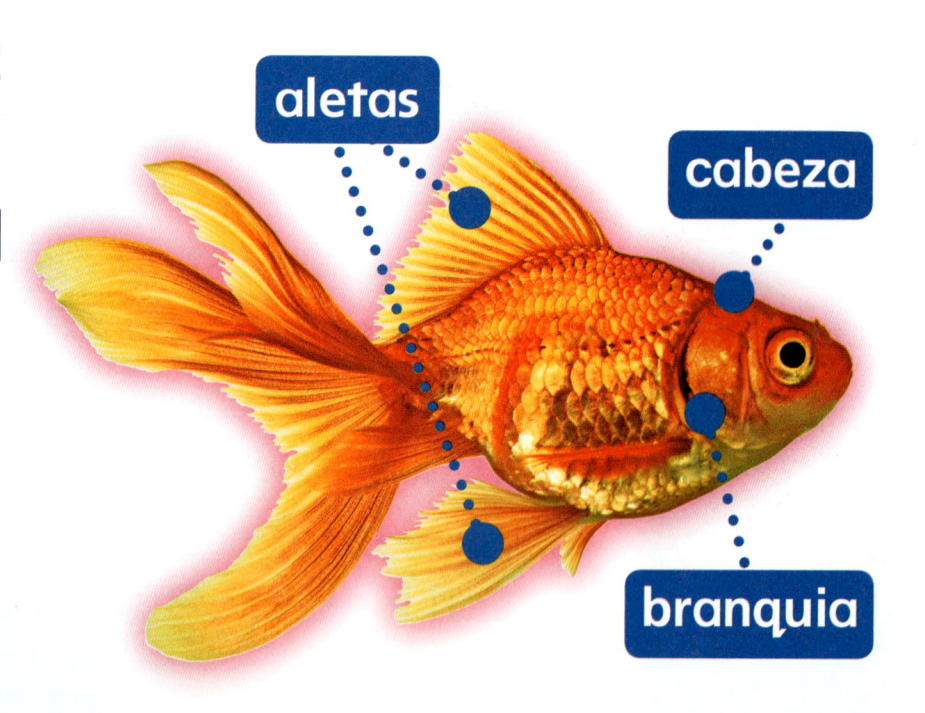

aletas

cabeza

branquia

cabeza

mano

hombro

brazo

pierna

pie

¿? Haz conexiones

¿Qué movimientos puede hacer un pez con las partes de su cuerpo? **Pregunta esencial**

93

Glosario

¿Qué es un glosario? Un glosario ayuda a comprender el significado de algunas palabras. Las palabras se presentan en orden alfabético. Se suelen mostrar en una oración de ejemplo. A veces hay una foto que las ilustra.

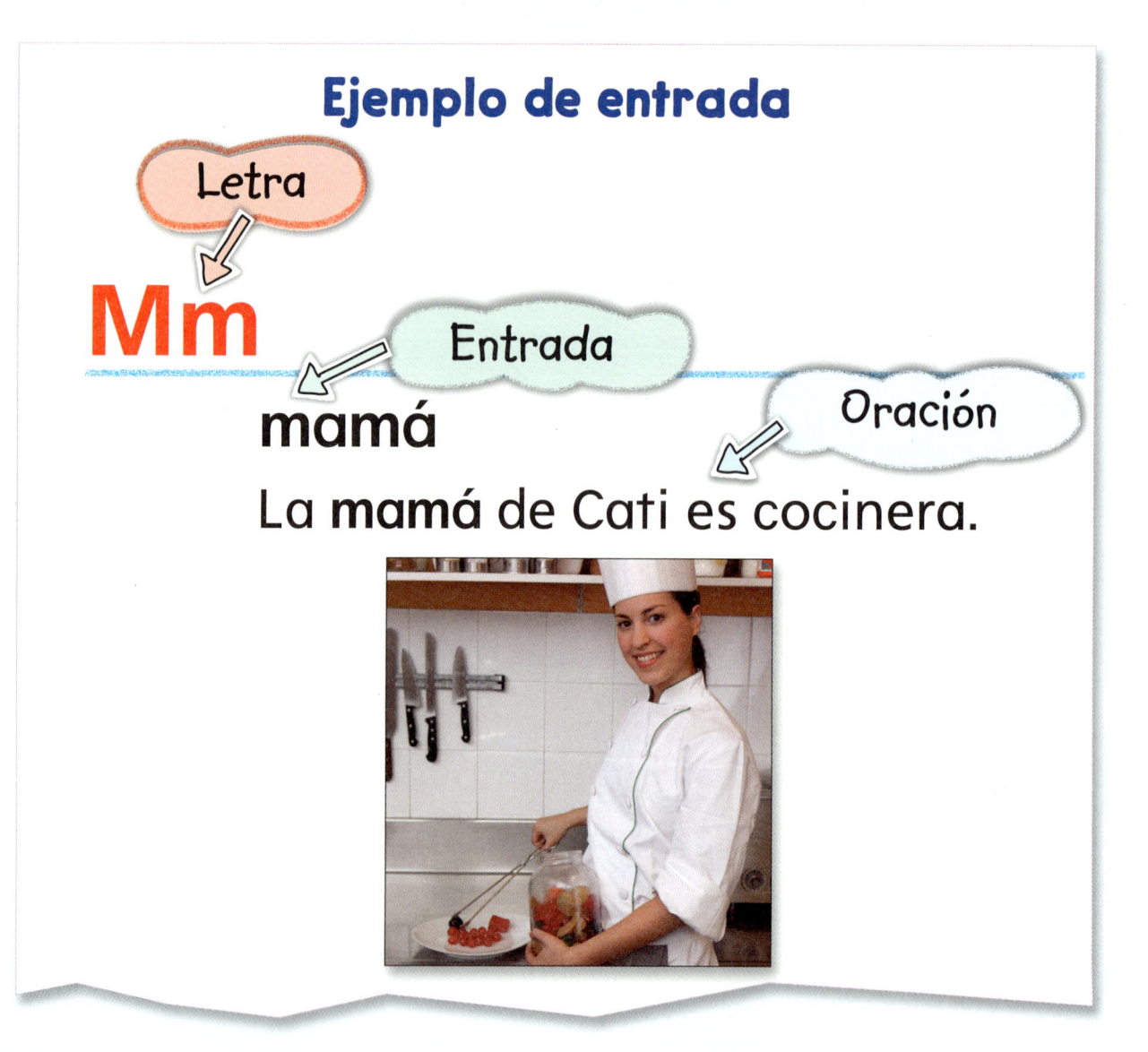

Ejemplo de entrada

Letra

Mm

Entrada

mamá

Oración

La **mamá** de Cati es cocinera.

Glosario

Aa

amigo
Pedro juega con su **amigo**.

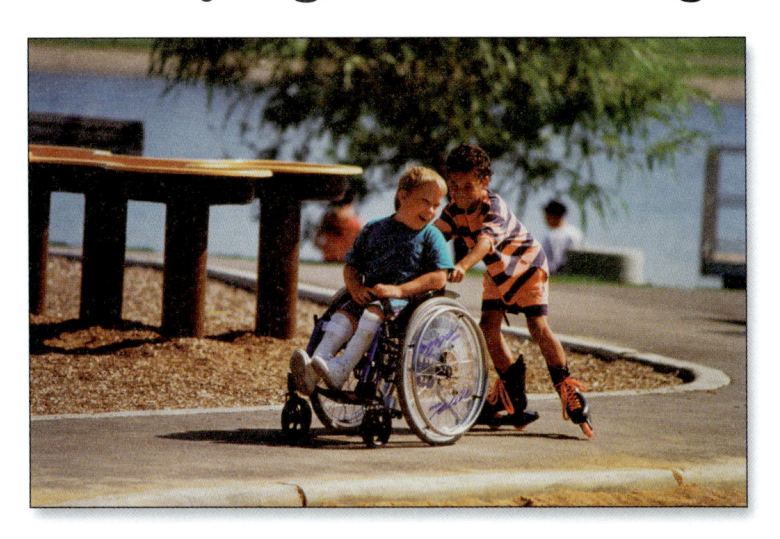

Cc

correr
A Pame le gusta **correr**.

Glosario

Ee

edificio
El **edificio** es alto.

escuela
Mi **escuela** es grande.

Glosario

Jj

jardín

El **jardín** está lleno de flores.

Mm

mamá

La **mamá** de Cati es cocinera.

Glosario

mañana
Mañana tengo prueba de lectura.

Pp

pan
El **pan** está recién hecho.

Glosario

papá
Mi **papá** me lleva de paseo.

pasto
El **pasto** del campo está cortado.

Glosario

pato

Hay un **pato** en el agua.

Ss

saltar

Saltar la cuerda es divertido.

Glosario

saluda
Nati **saluda** con la mano.

Tt

tela
La **tela** de mi vestido es hermosa.